SOPA DE LLIBRES

T0054188

© 2005, Núria Pradas i Andreu
© 2005, Daniel Serrano Piquer, per les il·lustracions
© 2005 d'aquesta edició: Editorial Barcanova, SA
Mallorca, 45, 4a planta. 08029 Barcelona
Telèfon 932 172 054. Fax 932 373 469
barcanova@barcanova.cat
www.barcanova.cat

Disseny: Manuel Estrada

Quarta edició: febrer de 2012

ISBN: 978-84-489-1755-5
Dipòsit legal: B-3352-2012

Imprès a Gràfiques 92, SA
Avda. Can Sucarrats, 91. 08191 Rubí

# Això no mola, Escarola

Núria Pradas i Andreu

# Això no mola, Escarola

Il·lustracions
de Daniel Serrano Piquer

*Per a la meva amiga Marta
i tots els camins que hem
recorregut juntes.*

# 1

La *profe* de català ens fa el dictat de la B i la V. Encara que ahir me'l vaig copiar mil cinc-centes vegades, encara dubto si he d'escriure *núbol* o *núvol*, i *avet* o *abet*.

Em dic Rita. Tinc 9 anys i faig quart de Primària, tot i que no sé escriure *núv/bol*.

Em miro de reüll el que escriu la Sofia al meu costat. La Sofia té fama de posar les B a lloc. I les V. I els accents. Per això seu al meu costat, perquè com diu la *profe* de català «a veure si se t'enganxa alguna cosa de la Sofia, Rita!».

Quan la Sofia s'adona que l'estic mirant, es tapa el dictat amb una mà. Si m'ho posa així de difícil, no sé com vol la *profe* que se m'enganxi res!

Aviat sona el timbre, i tots sortim a corre-cuita de la classe.

Al pati em trobo amb el Dani. El Dani és el meu millor amic des que fèiem P5. Jo vaig començar a venir a l'escola a P3, però el Dani no va venir fins a P5. Aleshores ens vam conèixer i ens vam fer amics dels de debò i sempre anem junts a tot arreu.

La mama diu sovint que no és gaire bona idea que el Dani sigui el meu millor amic, perquè diu que el Dani no em pot ensenyar res de bo. Jo li dic que per ensenyar-me la B i la V ja tinc la Sofia, encara que no li dic que es tapa sempre els dictats amb una mà perquè no els hi copiï. A més, ¿que no ho sap, la mama, que els millors amics no es trien? Es tenen i ja està. No és una cosa voluntària.

Amb el Dani m'ho passo d'allò més bé jugant al pati. I a casa. Perquè el Dani hi ve molt, per casa. La mama diu que massa. I que jo hauria d'estar més pel Bernat, és a dir, pel Bernat *culcagat*, el pesat del meu germà petit, i no tant pel Dani. I que

si ell tingués germans petits no s'avorriria tant i no hauria d'estar sempre ficat a casa.

Quina culpa en té, el Dani, de no tenir germans petits? A més de no tenir germans, el Dani no té pare. A vegades, la mama parla amb el papa d'això, fluixet, o sigui, que el Dani no té pare i que tot el dia és al carrer. Com si també en tingués la culpa, de no tenir pare. Més aviat deu ser culpa del seu pare, si no té pare. Perquè el Dani, un dia, em va dir que, de tenir-ne, sí que en té, de pare; que el que passa és que el seu pare viu lluny i que gairebé mai no el veu.

Avui, el Dani diu que és una mosca i es passa tot el pati darrere els nens:

–Si us pico sou morts. Sóc la mosca tse-tse...

«Tse, tsee... tseee... tseee...

I vinga anar amunt i avall:

–Tse, tsee... tseee...

La Sofia, l'Estela i l'Eugènia s'estan al seu racó, menjant totes polides el seu polit entrepà. Quan veuen el Dani se'n riuen:

–Quin cap de lluç! –s'exclama la Sofia.

–Sí, en comptes de quart de Primària, sembla que faci P3 –respon l'Eugènia.

L'Estela no em treu els ulls del damunt mentre jo corro darrere el Dani, intentant convèncer-lo que deixi de fer la mosca i que juguem plegats a una altra cosa.

–Ja fan bona parella, ja... La Rita i el Dani s'assemblen com dues gotes d'aigua!

I totes tres es posen a riure ensenyant totes les dents. M'estimo més fer veure que no les sento, perquè, és clar, d'unes nenes tan polides, endreçades i ben vestides com elles, què es pot esperar? I és

que es passen tot el sant dia amb la ma-
teixa cançó:

–Ai, Rita, nena, ¿com t'has pentinat
avui? Amb els dits?

–Ai, Dani! A veure quan et compren
una bata nova, que aquesta t'arriba al
melic!

–Au, nena! ¿Que no t'adones que els
pantalons vermells i la samarreta rosa
canten més que un grill en una nit d'estiu?

I vinga dir bajanades! I què n'han de fer, elles, si a mi m'agrada pentinar-me amb els dits? Com si al Dani o a mi ens importés gaire, això de les bates i dels grills cantaires! A vegades penso que aquelles tres no hi tenen res, al cap! Ja m'agradaria veure com tenen l'armari de l'habitació. Deu semblar una botiga de roba: tot plegadet, ben posadet i combinadet. Puaf! Si me les escoltés gaire, encara em farien tornar beneita!

Després del pati tenim classe de Plàstica. A la classe de Plàstica, el Dani i jo sempre seiem junts i el *profe*, que es diu Marçal i és molt *xulo*, mai no ens diu res.

El Dani té molta traça amb les mans, i, a vegades, quan es concentra i en té ganes, fa uns treballs de plàstica magnífics i el *profe* el felicita i tot, i li posa molt bona nota. I jo, que no en tinc gens, de traça, per a la plàstica, sempre em refio que ell m'ajudi.

Jo no vaig gaire bé ni amb la B i la V, ni amb plàstica; però hi ha altres coses que sí que m'agraden molt i que em surten superbé; com ara les mates. M'encanten! I els problemes de multiplicar i de dividir em surten *xupats* i els faig en un no res. I és que jo crec que no tot s'acaba posant les B i les V a lloc, i que tots tenim alguna cosa que ens surt bé, o en cas contrari seríem un desastre!

Ah!, una altra cosa que em va bé és la música; però tot el rotllo del llenguatge musical que el *profe* de música intenta ficar-nos al cap no m'agrada gens. Jo el que vull és aprendre a tocar el piano per poder fer les meves pròpies cançons. I ho estic aconseguint, perquè moltes vegades escolto una cançó, me'n vaig al piano i de seguida la trec. Bé, a vegades no sona exactament igual, és clar; perquè soni exactament igual, igual del tot, s'ha de saber molt llenguatge musical. Però s'hi assembla.

Avui, el dia se m'ha fet molt llarg. Però, com diu la mama, «tot arriba» i, per fi, ha sonat el timbre d'anar cap a casa.

El Dani i jo sortim junts com sempre, i junts fem la major part del camí. Jo visc a meitat de camí entre casa seva i l'escola. Però hi ha dies que l'hi acompanyo, i així li faig una estona de companyia. Però aleshores, com que em fa mandra tornar sola cap a casa, el Dani m'ha d'acompanyar a mi. Un dia, vam fer això cinc vegades: ara tu a casa meva, ara jo a casa teva; i així tota l'estona.

És clar que aquell dia la mama em va renyar molt, perquè es refiava que jo em quedés vigilant el Bernat per sortir a comprar al súper del costat de casa. I de poc que no arriba quan el súper ja tancava. Com que aquell dia me les vaig carregar de valent, ara només acompanyo el Dani a casa seva i després ell m'acompanya a mi; però una sola vegada.

Avui, el camí cap a casa és molt *diver*, perquè anem jugant a «Endevina, endevinaràs i si no una burilla t'enduràs». Aquest joc se'l va inventar el Dani, i consisteix que un pensa una cosa i dóna a l'altre tres pistes; si a la de tres encara no l'has endevinat, catacrac!, et toca una burilla. És semblant a un altre joc que

em vaig inventar jo, el «Secret, secretet i faig un pet», només que, en comptes de pets, es fa amb burilles.

Després de jugar una estona, el Dani em diu que li agradaria venir a casa meva, a fer els deures i a menjar pizza, perquè avui la seva mare s'ha de quedar a treballar més estona, i a ell li fa por quedar-se sol a casa. Li dic que ja sap que per venir a casa, i sobretot per quedar-s'hi a menjar pizza, he de demanar permís a la mama un o dos dies abans; i que, tot i això, la mama no sempre em dóna permís, perquè, quan no li va bé per una cosa, li va malament per l'altra. Segur que si fos la Sofia, la que digués de venir a fer els deures i menjar pizza, la mama diria que sí encantada. Que complicats que són els pares, a vegades! Tenen unes manies...!

Per consolar-lo, dic al Dani que li telefonaré quatre o cinc vegades, perquè així se sentirà més acompanyat.

Arribem davant de casa. Jo visc en una casa que té una mica de jardí, un jardí superpetit a l'entrada.

–Si jo visqués a casa teva –diu el Dani–, rai!, que tampoc no en tindria, de por. Però en aquell pis tan fosc... Au!, ara m'acompanyes tu.

I, aleshores, anem cap a casa del Dani. I passa el que passa.

# 2

Com cada dia, passem per davant de casa de la senyora Hortènsia.

La senyora Hortènsia viu en una casa com la meva, però la meva està pintada de colors alegres, i, a la seva, la pintura cau a bocins; a la meva, hi ha plantes i flors al jardí, i, a la seva, les finestres s'obren menys que la butxaca del papa quan li demano la setmanada. Ah!, i a casa meva som quatre de colla, sense comptar el Dani, que és un afegit, i, a la seva, només hi viuen ella i el gat.

Potser és per això, perquè la senyora Hortènsia s'ha acostumat a parlar només amb el gat, que ara no se'n surt quan vol tenir una conversa amb les persones.

La mama sempre diu que la senyora Hortènsia és una malcarada, i que no he de tenir-hi tractes si no en vull sortir escaldada. Però la mama exagera; de fet, ja ho fa la gent gran, això de repapiejar; sobretot quan només tenen un gat per fer petar la xerrada.

Sigui com sigui, la senyora Hortènsia ens fa una mica de por, tant al Dani com a mi. Bé, potser ens en fa molta, de por.

Avui, la senyora Hortènsia està de més mal humor que els altres dies. Avui corre pel jardí com si dugués un coet enganxat al cul i du una escombra a la mà, amb què va repartint guitzes a tort i a dret.

El Dani i jo ens aturem davant de la portella del jardí de la senyora Hortènsia. No ho podem evitar; és tot un espectacle!

El Dani se la queda mirant d'aquella manera com mira quan una cosa li crida moltíssim l'atenció; és a dir, quiet com una estàtua i sense respirar.

Al cap d'una estona de badar allà al davant com dos estaquirots, el Dani em diu a l'orella:

–Tu creus que s'ha tornat *lela*?

–Vols dir si s'ha tornat boja?

–Sí, és clar: *lela*!

Torno a mirar-me la senyora Hortènsia amb atenció.

–Bé… potser sí… una mica.

La senyora Hortènsia ens veu, en una de les seves ràpides passades per davant nostre. Aleshores, s'atura; es posa bé la castanya de cabells, que sempre du enganxada al clatell, s'allisa el davantal i deixa descansar l'escombra a terra. Fa una ganyota. Deu ser un somriure?

–Li passa res, senyora Hortènsia? –li pregunto, fent la valenta davant del Dani.

–Que si em passa? Mireu, mireu allí.

La senyora Hortènsia ens assenyala els tres graons que pugen fins a la casa. El Dani i jo ens posem de puntetes i traiem el cap per damunt de la portella per veure millor el que la senyora Hortènsia ens vol ensenyar. De sobte, m'adono que damunt els graons hi ha una mena de bola negra, menuda i rodona, però, de moment, no sé què és. Tot d'una, el Dani comença a cridar:

–Un gos! És un gos! Mira, Rita, és un gos negre i pelut! I molt petit!

Em poso tan de puntetes que només em falta el tutú per semblar una ballarina. I, aleshores, la bola es belluga.

–Un gos? –pregunto.

–Sí, un gos –contesta el Dani, emocionat.

–Això mateix –puntualitza la senyora Hortènsia–. Un gos fastigós!

El cervell del Dani es posa a treballar tan de pressa que les neurones li patinen;

i de seguida, de les paraules passa als fets. Més fresc que un polo de pinya-menta, i sense cap rastre de la por que li té a la senyora Hortènsia, el Dani empeny la portella i s'esmuny descaradament dins del jardí. Jo em quedo fora per si hem de marxar a corre-cuita.

—No és un gos fastigós —diu ben decidit—. És un cadellet d'allò més bonic.

I s'ajup per acaronar-lo.

—Sí... sí... d'allò més bonic —li respon la senyora «malcarada»—. No sé què li trobes de bonic. I tampoc no sé què hi ha vingut a fer, aquí. M'espanta el gat...

La senyora Hortènsia es queda com de pedra. Muda i tot. Es veu que se li ha encès una bombeta.

—Saps què, nano? Si el vols, ja te'l regalo.

El Dani posa cara de «Sí home, i què més». Es queda mirant molt fixament la senyora rondinaire, i li diu:

—Me'l regala?

Agafa el gosset en braços i s'alça ràpidament, com si volgués arrencar a córrer. Però no es mou i torna a parlar, però ara amb la veu de *pito* que fa quan està enfadat:

—No me'l pot regalar. No és seu. Segurament es deu haver perdut i està buscant la seva mare. Ah!, i sàpiga que no és un gos. És una gossa!

La senyora malcarada i rondinaire fa mitja volta i recull l'escombra de terra. Amb molta parsimònia, se'n va cap a casa seva i ens deixa ben planxats i amb un pam de nassos:

—Molt bé! Tant se me'n dóna si és gos o gossa. I com que a cops d'escombra no el puc fer fora, i tu no en vols saber res, vaig a trucar a la gossera.

—La gossera? —crida el Dani fent cara d'espant.

—La gossera? —crido jo, plantant-me d'un salt al jardí.

—No! No! —cridem tots dos.

—Llavors? —pregunta la vella *cucufleta*, impacient i picant amb el peu a terra.

El Dani i jo ens mirem i en un moment de res quedem entesos.

–Ens l'emportem! –diu el Dani, sense ni recordar-se de la por que li fa la senyora Hortènsia.

–Això!, ens l'enduem! –dic jo, sense saber què dic.

I tal dit, tal fet. Vet ací com ha estat que hem entrat en aquell jardí un nen i una nena de nou anys, i n'hem sortit un nen, una nena de nou anys i una gossa negra, rinxolada i molt petita.

# 3

Seiem a l'ombra d'un gran plataner, en un banc del passeig. El Dani, jo i la gosseta. La gent passa, amunt i avall, d'aquella manera tan atrafegada que té la gent de passar. I, és clar, ni ens veu!

El Dani du la boleta de pèl negre amagada sota el jersei, per donar-li escalfor. La boleta no es mou. De tant en tant, grinyola una mica.

–Deu tenir gana –dic, sense deixar de mirar-la.

–Segurament –respon el Dani, que tampoc no li pot treure els ulls del damunt–. Com li direm?

«Que com li direm?», em pregunto a mi mateixa per dintre. I començo a pensar

que una cosa és alliberar la boleta negra
de les urpes de la vella bruixa rondinaire,
i una altra de ben diferent és que ens la
quedem. No ens la podem quedar! I, si no
ens la podem quedar, tampoc no podem
posar-li un nom. Si li posem un nom, serà
nostra! Ens n'haurem d'ocupar! La gent
només posa nom a les coses que són seves.
No va posant nom a les coses dels altres.
Això és més clar que l'aigua.

—Què vols dir, Dani?

—Que com li direm. Quin nom li po-
sarem?

Explico al Dani la meva teoria sobre la propietat privada i els noms de les coses. Però ell fa com qui sent ploure.

–És tan negra... I si li posem Negreta?

–Em vols escoltar, *caracul*? Et dic que no ens la podem quedar!

–És clar que, com que és tan petita, també li podríem posar Espurna.

Em destarota, el Dani.

–Dani...

–Ja està! Ja ho tinc! Li direm Escarola, com que és tan rinxolada...

Me'l quedo mirant, molt fixament. En silenci. Sense dir res. A vegades els silencis parlen més que les paraules (això ho he sentit dir a la mama).

El Dani s'alça d'una revolada, amb cura de no fer mal al gos, és clar. Em mira. M'adono que els ulls li brillen molt. «Malament», penso, «això és que està a punt de plorar.»

Es posa a plorar de seguida.

–És... que... jo

A vegades em fa la impressió que, en comptes de ser la millor amiga del Dani, sóc la seva germana gran. I això que ell és dos mesos més vell que jo.

Li dono un *kleenex* perquè s'eixugui els mocs. A mi és que no m'agraden gens, els mocs penjant. És clar que encara hi ha tres coses que m'agraden menys que els mocs penjant, i que són: una, el meu germà Bernat *culcagat* quan plora i marraneja; dues, les bledes amb patates, i tres, les *barbis*.

El Dani es moca, es calma una mica i torna a seure.

—És que jo sempre he volgut tenir un gos.

—Au, ves! I jo! Aquesta sí que és bona —salto jo com una molla—. Però la meva mama no vol ni sentir a parlar del tema.

—Ni la meva —diu ell.

—Això dels gossos i de les mares es veu que funciona així. Són dues coses in... in... in...

—In... què?

—Bé, vull dir que va junt. Si ets mare, els gossos ni veure'ls.

La gosseta es posa a remugar com si endevinés que parlem d'ella.

–Quieta… quieta, Escaroleta! –la renya el Dani, suaument.

–Escarola! Quin nom per a un gos.

L'Escarola se'm queda mirant. Em sembla que el nom li *mola*.

El Dani continua:

–Si tingués un gos per fer-me companyia, no tindria tanta por quan em quedo sol a casa perquè la mama treballa.

–Sí, és clar, però…

–Però com que casa meva és com una capsa de llumins… La mama diu que, si gairebé no hi cabem nosaltres dos, a veure com hi hem de caber nosaltres dos i un gos.

–És clar!

–És clar que si jo tingués una casa com la teva, gran i amb jardí...

–Escolta cagacalces!, ¿que no t'acabo de dir que la mama no vol ni sentir parlar d'animals, a casa? ¿Com vols que t'ho digui? A casa meva, els únics animals que hi entren són les mosques. I en surten de seguida, perquè quan la mama veu una mosca, agafa el matamosques i... flitz, flatz! Adéu mosca!

El Dani és més tossut que una mula; i tant!, el conec bé. Però amb la història del gos, s'està passant. ¿Com li he de fer entendre que no ens podem quedar aquella... Escarola?

El Dani em mira amb ulls de *pel·li* de por, i em diu, com aquell qui acaba de descobrir la pizza de tres formatges:

–Tinc una idea!

Les idees del Dani acostumen a ser idees de bomber; però amb aquesta s'ha quedat ben descansat!

–Ni t'ho pensis, cul d'olla!

–Però Rita...

–Tu què vols, que la mama em faci fora de casa? ¿Que em trinxi i faci croquetes de Rita? O, el que és pitjor, que agafi l'Escarola i la fiqui a l'olla?

–Però, Rita, només...

–¿Com se't pot acudir que m'endugui l'Escarola a casa? Què et penses, que no m'agradaria, a mi, quedar-me-la? ¿Tenir una gosseta petita, negra i rinxolada? Però no pot ser, no pot ser i no pot ser!

–Però, Rita, només serà fins que jo convenci la mama...

–¿I si no la convences mai, la teva mama?, què faig, jo, si no la convences mai?

¿Tanco l'Escarola en un armari fins que el Barça guanyi la Lliga...?

Aquest comentari sobre el Barça i la Lliga no li fa gens de gràcia, al Dani. Com que és un culer rematat!

Sense dir res més, ni adéu, ni res, es posa dempeus i comença a caminar cap a casa seva, amb l'Escarola ben amagada sota el jersei.

Està ben empipat!

–Ei, Dani, para! Que et dic que paris, val?

El Dani s'atura, però no es digna girar-se ni per mirar-me.

–Temps mort!

Fent morros tots dos, tornem a seure al banc. És hora de negociar.

–A veure, què se t'acut, senyor enreda-ho tot?

El Dani es treu l'Escarola de sota el jersei. Té els ulls tancats i dorm com un angelet negre, rinxolat i petit.

–Mira que n'és, de petita, Rita! Una cosa tan petita ha de ser molt fàcil d'amagar; sobretot en una casa tan gran com la teva.

–Tu no coneixes la meva mama; si hi ha
un gos a casa, l'olorarà, el perseguirà, el
trobarà i… No vull ni pensar-ho…

El poca-solta del Dani, davant dels
meus dubtes, ja es veu amb la partida
guanyada. A mi se m'acaben els argu-
ments. Em rosego un ble de cabells, men-
tre busco una excusa convincent. De se-
guida torno a la càrrega:

–A més, tu què et creus? Se l'ha d'ali-
mentar. L'ha de veure un veterinari. És
molt menuda. Si no en tenim cura, se'ns
pot morir. Tu vols que es mori?

El Dani contesta ràpid, com una bala; du la directa posada:

—Li compraré pinso amb els meus estalvis. La durem tots dos al veterinari. A més, ja veuràs com només serà cosa d'un parell de dies. Després, jo sol em faré càrrec de l'Escarola.

Em somriu com l'angelet que la mama té al calendari de l'estudi, amb aquella cara que ell sap posar quan vol aconseguir alguna cosa, que els ulls li riuen i les pigues sembla que li vulguin saltar de les galtes.

—Només uns quants dies, *porfi*, Rita...

Per què sempre acabo fent el que el Dani vol?

Per què???

# 4

El pla és bastant senzill. Bé, això és el que el Dani diu: que és un pla senzill. Però jo no les tinc totes, la veritat.

Truquem al timbre de casa, i el cor em va tan de pressa com si fos un tam-tam de la selva africana, i les cames se'm volen doblegar, les molt traïdores!

Abans, el Dani i jo hem buidat la meva cartera per posar-hi l'Escarola. El Dani s'ha ficat els meus llibres i llibretes a la seva, i li ha quedat una cartera tan grossa que ell, que més aviat sembla un carquinyoli, gairebé no la pot ni alçar del terra, i quan se la penja a l'esquena fa unes passes indecises i, de ben poc, no van a parar ell i cartera per terra. Amb molta delicadesa, ha col·locat l'Escarola dins de la meva cartera, i ens hem encaminat cap a casa.

Quan la mama ens obre, se li posa la cara que se li posa sempre quan veu el Dani, sense saber que ha de veure el Dani.

–Ah!, hola! –diu dissimulant, però mirant-me com si ella fos un cuiner i jo un bistec de vedella.

Jo faig l'orni i entro cap a casa, mentre deixo anar un discurset més o menys com aquest:

–Mama, el Dani no té ningú a casa; es pot quedar, oi?

–Però, Rita, et tinc dit...

Quan la mama em diu el que em té dit, jo gairebé ja sóc a dalt a l'habitació, amb la cartera a l'esquena, l'Escarola a dins la cartera, i el cor fent-me «plam, rataplam!».

Des de dalt, i mentre amago la cartera sota el llit, crido ben fort perquè la mama em senti clar i bé:

–Només una hora, mama; l'ajudo amb les mates i prou!

La mama em respon alguna cosa des de baix; però jo ja no la sento. Tinc les dues orelles massa ocupades a descobrir el més petit i insignificant grinyol procedent de la cartera, amagada sota el llit. Ostres, noi, quina por! ¿I si mentre negocio amb la mama això del Dani, l'Escarola es desperta i es posa a bordar? Ja puc veure la mama tornant-se verda, groga i, finalment, vermella; com un semàfor, vaja! La veig pujant l'escala amb un dit terrible i amenaçador, assenyalant el llit, fent-me obrir la cartera tant si vols com si no ho vols; descobrint l'Escarola, negra, rinxolada i petita; agafant-la pel coll i...

–Rita, que no m'escoltes?

La veu de la mama em retorna al món. M'adono que el Dani és al meu costat, amb cara de còmplice de *pel·li* barata.

–Jo?... jo?... I tant que t'escolto!

Des de baix, la mama segueix xerrant:

–Va!, feu els deures de mates de presseta, que ara us pujo el berenar. Ah!, i que quedi clar que només teniu una hora, em sentiu?

–Sí, mama!

–Sí, senyora Roca!

Una hora? Una hora per buscar un amagatall segur per a l'Escarola? Que ara ens pujarà el berenar? És a dir, que ara, ara mateix, o sigui ara, s'obrirà la porta i...?

–Què fem? –pregunto al Dani, cagada de por.

–Doncs amagar bé l'Escarola, abans que la teva mama ens pugi el berenar.

–Això ja ho sé, mico filós! Però la qüestió és, on l'amaguem?

El Dani es posa a inspeccionar l'habitació amb tota la calma del món; com si el temps fos de xiclet i es pogués estirar. No, encara millor, com si el temps no existís i nosaltres no tinguéssim pressa, ni l'Escarola estigués amagada sota el meu, EL MEU, llit! Després, posa aquella cara de repel·lent que no puc sofrir, aquella cara que posa quan el Marçal de Plàstica li diu: «Molt bé, Dani! Ho has fet molt bé, això!», i, tot seguit, s'ajup i es posa a mirar sota el llit.

–Jo crec que aquest és un bon amagatall.

–Sí, home. I què més?

–De debò. L'únic que hem de fer es treure l'Escarola de la cartera i fer-li un niuet.

El Dani és boig. Ara me n'adono. No hi ha cap altra explicació.

—Ara com ara és el lloc més segur. A veure, qui es posarà a mirar sota el llit, així, sense més ni més?

—La meva mama, demà, quan faci la neteja.

El Dani deixa anar un gran sospir; sembla com si fos ell que ha de gastar paciència amb mi.

—Demà!... Demà serà un altre dia, i ja li haurem trobat un amagatall més segur. Jo dic per ara, per sortir del pas.

Es dirigeix cap al meu armari, com si fos l'amo de la casa, i, sense miraments, comença a remenar la roba.

—Es pot saber què t'agafa, ara?

—Estic buscant un jersei de llana vell per fer-li el niu. Per exemple... aquest!, aquest servirà.

Se m'escapa un crit dels grossos, que intento ofegar posant-me les mans a la boca.

—Aquest és el meu jersei de ratlles més vell i més preferit, cul de granota! Deixa'm fer a mi i no remenis més!

Decidida, vaig cap a l'armari i començo a treure tot el que em fa nosa: els jerseis vells que em són massa petits i al Bernat massa grans; els vestits de nena cursi que fa anys que ja no em poso; el raspall del cabells que fa molt de temps que buscava i no trobava; dos parells de vambes brutes; tres parells de sabates de dos o tres números menys del que porto ara; un joc d'ordinador que em pensava que havia perdut definitivament, i... per fi!... trobo el jersei lila horrorós que em va regalar la tieta Engràcia pel meu sant, el que encara està per estrenar, i l'hi dono.

–Té, què et sembla, aquest?

–Perfecte! Quina merda de jersei, oi?

–Dani, *xapa* la boca si no vols que m'enfadi… encara més!

El Dani, amb la boca tancada, i molt concentrat en la feina, es posa a fer-li un niuet a la nostra convidada, sota el meu llit. Jo també m'ajupo per ajudar-lo. Em fa molt de mal la panxa… és com si la meva panxa m'estigués avisant que aquesta història acabarà pitjor que un Barça-Madrid.

La porta s'obre d'una revolada. Nosaltres dos ens aixequem de sobte i ens clavem un cop al cap que ens deixa mig estabornits. Sortim de sota el llit fregant-nos el nyanyo que ja ens comença a sortir. A la porta, la figura imponent, sorprenent i aterridora de... del Bernat *culcagat*, ens observa amb la pipa a la boca i la bava caient-li coll avall, com si fos un sortidor del parc.

–Què fas aquí, Bernat? ¿Que no saps que abans d'entrar s'ha de trucar a la porta?

Per tota resposta, el Bernat m'ofereix la pipa en so de pau. Què es pot esperar d'un cagacalces d'un any i mig que, per no saber, no sap ni dir mitja paraula del dret?

Abans que el Dani o jo puguem reaccionar, el molt traïdor del Bernat, que parlar, el que és parlar, no parla, però de caminar de quatre grapes, reptant per tota la casa, n'és un expert, es llança a terra i amb dues gambades es fica sota el llit.

Jo li agafo ben fort el peu dret, i el Dani l'estira pel peu esquerre.

–Surt, macaco!

–Caram de nano!, no vol sortir.

–Estira'l!

–El trencarem!

I, plaf!, aconseguim treure el terrorista en miniatura de sota el meu llit, en el mateix moment, en el mateix instant que la mama fa l'entrada triomfal a l'habitació, carregada amb el pa amb xocolata i els sucs de fruita.

I el Bernat, que mai no ha dit res, ara diu, amb un somriure penjat d'orella a orella:

–Oh!, goz...

Li tapo la boca ben tapada.

–Què ha dit? –pregunta la mama.

–Goz! –insisteix el molt traïdor.

–Merda!

# 5

Al matí, el Bernat *culcagat* es lleva amb febre. És un dels seus esports preferits: agafar febrades, mocs i tos i fer campana a l'escola bressol. No sé com s'ho fa! Per més que li arrenco el xumet de la boca i el xuclo amb insistència, encara és hora que m'encomani res, i així no hi ha qui s'estalviï ni un sol dia de *col·le*! No hi ha manera. Es veu que estic més sana que una poma *golden* sense cuc.

Quan m'assabento que el Bernat es quedarà tot el dia a casa, començo a tremolar. I és que l'Escarola encara està d'*okupa* sota el meu llit. I el *caramico* del Bernat ho sap! I encara que ahir vaig aconseguir evitar una catàstrofe en l'últim moment, no sé si avui tindré tanta sort. Ai!, i això que m'he passat tota la nit en blanc, intentant trobar un altre amagatall per a la boleta negra, petita i rinxolada; odiant el Dani per haver-me encolomat la gosseta amb tanta cara dura i odiant el meu *tendre* germanet per haver après a parlar de cop i volta. Qui havia de dir que el Bernat acabaria sent un acuseta, ell que mai no havia dit ni piu!

Quina nit! Tota la nit amb els ulls com dues taronges, escoltant la respiració de l'Escarola, que, per cert, ha dormit com una marmota, d'una tirada, i pregant perquè es tornés transparent i acabés el meu malson d'una vegada.

Em vesteixo, mentre faig uns badalls de pam. Em moro de son. Però he de pensar alguna cosa, i he de pensar-la de pressa!

Per primera vegada en la meva curta existència, m'endreço l'habitació i em faig el llit. No paro fins que aconsegueixo deixar una habitació que fa fàstic de tan neta i ordenada. No sembla la meva. No la reconec.

Mentre em prenc la llet, dic a la mama que m'he ordenat l'habitació. La mama em mira espantada. Segur que està pensant que jo també tinc febre. La notícia li fa mala espina. Però jo faig veure que no me n'adono gens ni gota i li dedico el millor dels meus somriures, mentre dic:

–És que he estat rumiant que tu ja aniries prou de bòlit amb el cara... ehem –rectifico a temps, abans que em caigui un clatellot – ...amb el Bernat a casa.

La mama, que no sap si saltar d'alegria o trucar a urgències, em pregunta des de quan em preocupo tant per ella. Faig l'ofesa, és clar:

–Mama, tu no te n'adones, però m'estic fent gran.

Deixo la mama, més parada que un taxi a la parada de taxis, meditant la meva resposta i em dirigeixo cap a l'habitació de l'enemic públic número u. Està despert. Baveja i té el nas ple de mocs. Estic a punt de vomitar de fàstic, però m'aguanto i li dic amb la veu més amenaçadora que trobo:

–Bernat, xssst! Tu no diguis res de res! Tu muts i a la gàbia, em sents?

El *culcagat* em mira i riu. Insisteixo per si no li ha quedat clar:

–A sota del meu llit no hi ha res, ¿d'acord? Res de res!

El Bernat té una conversa la mar d'interessant amb el seu xumet. Sembla que no m'està escoltant; tampoc no em mira. S'ha oblidat de mi. Això em tranquil·litza. Al cap i a la fi, només és un caganer de bolquers, i els caganers de bolquers no te-

nen ni memòria, ni res. A hores d'ara, ni es deu recordar del que va veure ahir sota el meu llit.

Més contenta que unes pasqües, surto de l'habitació i tanco la porta al meu darrere. És llavors quan arriba a les meves orelles una paraula, alta i clara; la paraula temuda:

–GOZ!

–Què? –faig jo, tornant a obrir la porta com una fura.

El *culcagat* no em té ni mica de respecte i repeteix, tot fent un somriure diabòlic:

–GOZ! GOZ! GOZ!

He arribat a l'escola plorant. En canvi, la *senyo* de català ha arribat a l'escola plena d'energia i disposada a ensenyar-nos a accentuar en una hora. Les paraules planes, agudes i esdrúixoles se m'entortolliguen al cervell i m'agafa un mal de cap horrorós. Tinc el cap com un timbal; el cor va accelerat i les cames em fan figa. Estic feta un nyap! M'enfonso tant com puc a la cadira per veure si se m'empassa;

així, dissimulant, agafo un tros de paper de la llibreta i hi escric:

«El *culcagat* ho sap tot.»

El paper emprèn el viatge fins al fons de la classe, via Sofia-Pep-Adrià-Marta-Laia, fins que arriba al Dani.

La *senyo* diu que hem de dir CAFÈ amb la boca mooolt oberta. Se m'escapa un baaadall i m'enfonso encara una mica més a la cadira. La Sofia em pica l'esquena i em passa un altre paper:

«On *as* amagat l'Escarola?»

Començo a escriure la trista resposta:

«L'Escarola és...

En aquest moment, la *senyo* em pesca. La que m'espera!

# 6

A casa es viu una calma aparent. La mama feineja amunt i avall, i dóna l'esmorzar al Bernat, aprofitant que li ha baixat la febre. No puc entendre com al Bernat li agraden aquelles farinetes que semblen cola d'enganxar. I a sobre, llepa la cullera. Ecs!

La mama el baixa de la trona i el porta a la seva habitació:

—Au, reiet!, ara queda't aquí i juga una mica, que la mama té molta feina.

El Bernat es queda sol. El món pot començar a tremolar! Pel cap li circula una sola idea: ha d'anar a veure la boleta negra, petita i rinxolada que va descobrir ahir sota el meu llit. I tal pensat, tal fet.

De quatre grapes, com té per costum, perquè li fa mandra caminar, i ple de coses que li pengen pertot arreu (mocs, baves, xumet...), arriba a la meva habitació. Es fica sota el llit, i es posa a riure, content. La boleta encara és allà, i se'l mira, contenta, també, de tenir companyia. Pobra Escarola! Encara no sap que, a vegades, val més estar sola que mal acompanyada.

El Bernat, balbotejant d'alegria, li ofereix el xumet, que ella, molt educadament, es posa a xuclar de seguida. Que tendre! Acaben de segellar un pacte d'amistat per a tota la vida. El meu germà, picant de mans, crida a plens pulmons:

–Goz! Oh!, goz!

La mama, que està passant l'aspiradora per l'habitació de matrimoni amb els *walkman* posats, no sent res de res. Es podria enfonsar la casa, podria desaparèixer la Terra, esclafada pel Sol, que ella no ho sentiria. Sort!

El *culcagat* acaba de decidir que aquella cosa és la joguina més fantàstica que ha tingut mai. D'una correguda se'n va a buscar el «correpassadissos», aquella petita i perillosa andròmina amb rodes i tapa al darrere, on amaga tots els seus tresors i amb què recorre tota la casa, de dalt a baix i de baix a dalt, com si fos un autèntic campió de Fórmula 1, posant en perill la integritat dels membres de la família i la seva. De nou a la meva habitació, treu l'Escarola del seu amagatall i la col·loca de passatgera en aquell *trasto* d'infart, asseguda al davant, entre ell i el volant. Ara, a viatjar!

La volta turística comença pel pis de
dalt: habitació Rita, fastigosament orde-
nada; habitació Bernat, feta un fàstic;
habitació papes... ¿He dit habitació pa-
pes? En efecte, el terrorista en miniatura
entra a l'habitació dels papes en el precís
moment que la mama obre la porta del
bany de la seva habitació i hi entra, per

netejar-lo. Uf!, ha anat de poc. El Bernat para el cotxe davant de la porta del bany, agafa l'Escarola en braços i crida tan fort com els seus tendres pulmons li ho permeten:

–G<small>OZ</small>!

Quina emoció, la mama, si arriba a sentir aquella paraula, clara, forta... ben dita, en definitiva. Ella que somia que el seu nen parli; que sempre es queixa que encara no diu res... Però ara la mama, que continua amb els *walkman* a les orelles, està ocupada destrossant una cançó del David Bisbal, i les paraules del fillet de la seva ànima, del seu tendre infantó, li passen totalment desapercebudes.

Sort!

El Bernat es cansa d'esperar que la mama li faci una mica de cas i decideix reprendre la marxa. Torna a col·locar l'Escarola a lloc per continuar la visita turística. La mama surt del bany, amb la satisfacció de la feina ben feta, es treu els auriculars de les orelles, i busca el Bernat.

–Bernat? –pregunta, sortint al passadís, mentre el meu germà continua el seu viatge, passadís enllà, d'esquena a ella.

–Ja et deus trobar millor –diu la mama, veient-lo jugar–, ja veig que tens ganes d'anar amunt i avall amb el cotxet. Perfecte! Demà, a escola.

La mama no veu l'Escarola, que viatja al davant del vehicle. Per tercera vegada consecutiva, sooort!

El primer obstacle surt al pas dels aventurers: les escales. Per al Bernat, això no significa cap problema. Les ha baixades amb el cotxe mil vegades; ha caigut de totes les formes possibles, però, com que és irrompible, mai no ha arribat a fer-se mal. Ara les baixa de nou, amb el seu copilot assegut al davant, i, com és d'esperar, cauen tots dos rodolant escales avall. El terrabastall que s'organitza és de campionat. El Bernat plora, i l'Escarola, també. La mama, en aquest precís i accidentat moment, es torna a col·locar els auriculars a les orelles.

Sort! Sort i sort!

Després de fregar-se el nyanyo amb el puny ple de mocs, i de fer el mateix amb la seva *joguineta*, el Bernat decideix parar de plorar, atès que no té ningú que li faci cas. Es pregunta quina mena de mare li ha tocat, que no corre desesperada a consolar-lo i amanyagar-lo quan té problemes. Decideix, ja que no hi ha res més divertit per fer, ensenyar el menjador a la seva convidada. Com que no hi troba res d'interessant, passa a la cuina.

Allà sí que hi ha un munt de coses ben *xulis*. És ple d'aquells aparells amb botons que agraden tant a la mama, que no para de jugar-hi en tot el dia. N'hi ha un que serveix per deixar ben nets els plats que tots embrutem. El Bernat no ho acaba d'entendre: embrutem els plats, la mama els posa allà dins i després els treu perquè els tornem a embrutar. A vegades, els grans... També hi ha un altre aparell on la mama posa la roba bruta... la roba bruta? Ara que s'hi fixa, la seva joguina n'està molt, de bruta. Més que bruta, està negra i ben negra. Segur que la mama estarà d'allò més contenta si sap que ell també té cura de netejar les seves joguines.

El Bernat *culcagat*, terrorista infantil dels més perillosos, agafa l'Escarola i la fica dintre la rentadora, tanca la porta i prem un botó... Sort???

# 7

Estic destrossada; baldada; acabada! La *senyo* de català m'ha deixat sense pati i m'ha fet copiar cinquanta vegades les normes d'accentuació. Quan s'ha acabat el pati, ha vingut a recollir la feina i m'ha trobat dormint damunt la llibreta. Ni dient-li que estava somiant en accents de colors no s'ha calmat. L'esbroncada ha estat de les que fan història. Quan s'ha cansat de cridar, m'ha donat una nota, que duc a la cartera, per al papa i la mama. El meu futur és més negre que el túnel del tren de la bruixa.

Arribo a casa amb cara de pomes agres. El Dani em segueix en silenci. Porta el pinso per a l'Escarola, i pretén deixar-lo a casa i marxar corrents. El molt gallina! No penso quedar-me sola davant del perill.

La mama ens obre la porta. Me la quedo mirant fixament. Sé que amb una sola mirada en tindré prou per saber si ha descobert el gran secret que s'amaga sota el meu llit. Ella també ens mira: ara es mira el Dani; ara em mira a mi; i al revés. No. No en sap res, de l'Escarola. Només està fins al capdamunt de veure el Dani per casa cada dia. Com sempre. Bufo per dintre:

«Encara sort –penso–. El *culcagat* s'ha comportat.»

El Dani diu quequejant una excusa que ningú no entén, fa una passa cap enrere i intenta la retirada. Jo, ràpida de reflexos, l'agafo per la cartera i l'arrossego escales amunt, mentre que la mama es queda palplantada i sense entendre res, davant de la porta oberta.

Entrem a l'habitació i ens tirem en planxa sota el llit.

–Res?

–Buit?

El Dani i jo ens mirem amb uns ulls com melons:

–Però...

–Llavors... llavors l'ha descobert!

Intento pensar de pressa. El meu cervell sembla una caixa registradora en plenes rebaixes.

–La mama no en sap res, segur!

–I com pots estar-ne tan segura?

–Perquè, si la mama arriba a descobrir l'Escarola sota el llit, a hores d'ara tu i jo seríem dos cadàvers, cara de lluç!

El Dani es posa a meditar profundament i arriba a una conclusió. Es deu pensar que acaba de descobrir la sopa d'all:

–Llavors... llavors ha estat el Bernat! Segur! No pot ser ningú més. Ell és l'únic...

–... l'únic que ho sabia, sí. Ja m'estranyava a mi que el *culcagat* s'estigués quietet.

Sense dir-nos res més, arrenquem a córrer cap a l'habitació de l'impertinent del meu germà. Està balbotejant en un idioma desconegut, estirat al seu llit, i somriu quan ens veu entrar. Sé que el que em disposo a fer és una operació delicada i em proposo fermament no perdre els nervis, no cridar, no dir paraulotes i tenir tota la paciència del món:

—Bernat, bufó, ¿que per casualitat ens sabries dir on és el... gos? —abaixo la veu

en pronunciar la paraula decisiva, no fos cas que la mama rebés el missatge i s'armés la grossa.

–Sí, això, on és el gos? –repeteix al meu costat el Dani.

Per tota resposta, el Bernat ens ofereix el seu xumet. Intento dibuixar un somriure d'agraïment a la cara, però em surt una ganyota assassina.

–Bernat, boniquet... i l'Escarola? On és l'Escarola?

–Sí, això, on és l'Escarola?

Em miro el Dani d'una manera que no deixa dubtes pel que fa a les meves intencions. Ell rep el missatge i calla.

M'escarrasso en l'interrogatori:

–Escolta, nas de mocs, burilla verda infecta, ¿em vols dir què has fet amb el nostre gos?

El Bernat, gens impressionat, respon:

–Gu, gu...

–Aquest nen us ha sortit estranger –remata el Dani, fent que se m'acabi la poca paciència que em queda.

–Canta, *culcagat*, canta o...

Atreta pels crits i l'escàndol que surt de l'habitació del Bernat, la mama obre la porta i treu el cap amb una mirada interrogant i acusadora:

—Es pot saber què passa aquí dins?

El Dani i jo fem un bot, mentre el cuc petit es posa a plorar. Sap perfectament que la seva salvació acaba d'entrar per la porta i que té les de guanyar. ¿Com pot ser que un nen tan menut pugui ser tan rematadament traïdor i fastigós?

—Vine, vine aquí, fillet —li diu la mama, agafant-lo a coll—. Aquests dos ganàpies t'han fet plorar, oi?

I se'n du el *culcagat* de l'habitació, mentre ens dedica al Dani i a mi una mirada que traduïda vol dir «d'això, en parlarem després».

El Dani i jo ens mirem com si fóssim dos nàufrags perduts enmig de l'oceà:

—I ara...? —pregunta ell.

I a mi només se m'acut una resposta:

—Merda!

# 8

El Dani i jo ens separem i comencem l'operació «Salvem l'Escarola». Ens posem a escorcollar totes les habitacions, sense deixar ni un racó per mirar, ni una pista per olorar, ni un detall per analitzar. Al cap d'una bona estona, ens trobem a la meva habitació, convertida en centre d'operacions i comandament central.

–Què? –pregunto amb angúnia.

–Res! I tu?

–Res!

Ens llancem sobre el llit amb les forces batudes i la moral per terra. Tots dos ens tanquem en un silenci ple de derrota, perduts en uns pensaments cada vegada més negres.

–I si... i si s'ha mort? –dic en veu molt baixa.

–No diguis això!

–És que no solament no l'hem trobada; ni tan sols l'hem sentida grinyolar. Sembla com si mai no hagués existit. I era tan petita...

–Rita, no diguis «era»...!

El Dani té els ulls plorosos. I, encara que s'entesta a conservar una mica d'esperança, es veu clarament que la moral li fa figa.

–Potser s'ha escapat. Però encara... encara...

No pot més. El Dani esclata en sanglots que van creixent per moments, fins a convertir-se en un plor ple de sentiment. Només ara m'adono del que significa l'Escarola per a ell. I em torno a sentir com la germana gran i protectora que no té.

–No ploris, Dani. El que acabo de dir és una rucada. Si l'Escarola s'hagués... bé, si li hagués passat alguna cosa, la mama l'hauria trobada. Ho sabria. Això és que s'ha amagat en algun lloc.

El Dani s'eixuga les llàgrimes amb el puny. Li passo un *kleenex* de la meva tauleta de nit, per allò dels mocs. Sembla que els meus arguments han fet efecte perquè deixa de plorar i em mira amb ulls plens d'esperança.

–Oi que sí?, es deu haver amagat –repeteix, intentant creure's el que diu.

–I, a més, encara no hem escorcollat la planta de baix: el menjador, la cuina...

–El jardí –diu ara el Dani, amb alegria, mentre jo penso, tremolant, que una cosa

tan petita com l'Escarola passa perfecta-
ment per sota la portella del jardí i que si,
efectivament, ha sortit per allà, potser
mai, mai més no la trobarem.

Amb una espolsada de cap, em trec
aquests negres pensaments del damunt
i intento somriure de debò.

–Va, som-hi, Dani! Tenim molta feina.

Baixem les escales i ens repartim la
planta baixa, tal com hem fet amb el pis
de dalt. Al cap d'una estona, la mama
apareix al menjador i se'm queda mirant
mentre jo continuo la meva tasca detecti-
vesca sense adonar-me gens ni mica de la
seva presència.

–¿Es pot saber què us dueu entre mans,
Rita? Ja no solament no demanes permís
per venir amb el Dani a casa, sinó que us
presenteu aquí tots dos, i us poseu a re-
menar-ho tot. Em vols dir què esteu fent?
Què busques al menjador? Què està bus-
cant el Dani a la cuina?

Intento buscar una resposta però no la
trobo. A mi em sembla que, amb tot

l'estrès d'aquests dies, se'm deu estar assecant el cervell. El que és segur és que pateixo una disminució alarmant de neurones.

–A la cuina? El Dani?... El berenar! Això, estem buscant el berenar.

La mama murmura entre dents alguna cosa que, per sort, no acabo d'entendre i se'n va cap a la cuina. Jo la segueixo i, en entrar, descobreixo el Dani amb aspecte de zombi davant de la rentadora.

Està blanc com un fantasma. O no, pot-
ser tira més a verdós. Sigui del color que
sigui, la veritat és que està molt estrany,
fa molt mala cara i s'està dempeus da-
vant la rentadora com si volgués impedir
que aquesta arrenqués a córrer d'un mo-
ment a l'altre.

La mama se'l queda mirant i després
em mira a mi. Està a punt de dir alguna
cosa, però finalment calla i mou el cap
d'una manera que no deixa dubtes sobre
el que està pensant.

La mama es posa a preparar-nos el berenar. Quan es gira, el Dani comença a ballar una dansa molt rara. Tot ell es belluga i fa saltironets mentre, amb la boca desencaixada, intenta dir-me alguna cosa que jo no entenc. M'arronso d'espatlles per fer-li entendre que no en capto ni una, i el Bernat, que és a la trona, s'ho passa pipa, i riu i pica de mans amb l'espectacle.

Quan la mama es torna a girar per dur-nos el berenar, el Dani, xop de suor per l'esforç que ha fet, es torna a quedar quiet, somrient amb un somriure més fals que un euro de plàstic, i tapant la rentadora amb els braços estesos.

—Bé, noi, ¿véns a berenar o et penses quedar dret tota la tarda?

—Sí, senyora Roca —diu ell, però no es belluga ni mig pam.

La mama agafa el Bernat de la trona i el porta a coll.

—Vaig a canviar el Bernat —diu amb veu molt agra. Està molt empipada—. Bereneu i, després, cadascú a casa seva. Entesos?

–Sí, mama.

–Sí, senyora Roca.

La mama i el Bernat surten de la cuina. Els gargotejos alegres del pocapena es van perdent escales amunt. Amb el cor que em surt per la boca, pregunto al Dani:

–Em vols dir què et passa? Què vols, que la mama ens faci fora de casa a tots dos, o què?

Per tota resposta, el Dani, suat i amb la cara desencaixada, s'enretira del davant de la rentadora. A dins hi puc veure una cosa negra. Sí, una cosa negra, petita i rinxolada, que dorm plàcidament.

# 9

—Això no *mola*, Escarola! —la renyo suaument, mentre la trec de la rentadora—. Ens has donat un espant de mort!

—Buf! —esbufega el Dani, en veure que l'Escarola no està ni rentada ni centrifugada—. Sort!

—Sí, sort! —repeteixo en un atac d'originalitat—. Sort que el Bernat no en té ni idea, de botons.

—I sort que s'ha deixat la porta de la rentadora mig oberta.

—Sí, sort...

És clar, amb tanta sort ens sentim feliços i afortunats. I em miro el Dani, em miro l'Escarola i em miro a mi mateixa, satisfeta. Però, de seguida, em poso a pensar que potser n'estem fent un gra massa amb tanta felicitat. Cal tocar de peus a terra! No podem oblidar, ni per un moment, que, encara que hàgim trobat l'Escarola sencera, continuem sent dos nens amb problemes i una gossa *okupa*.

–I ara... què? –em pregunta el Dani, com si m'hagués llegit el pensament.

–Ara...

Les passes de la mama, baixant les escales, posen ales a la meva indecisió.

–Ara, som-hi! Corre!

A cent per hora, el Dani, l'Escarola i jo sortim de la cuina, travessem el menjador i ens plantem a fora. Un cop allà, amb els cors a punt d'esclatar, ens asseiem a terra i ens repengem en l'únic i solitari arbre del minijardí, d'esquena a la casa per amagar l'Escarola a mirades inoportunes.

El Dani, que encara no s'ha refet de la cursa, passeja la vista per tots costats i, quan està segur que estem sols i ben sols, es treu una bossa de plàstic de la butxaca.

–Ara li hem de donar menjar. Mira, li he portat pinso.

Obre la bossa i me la dóna.

–Té. Tira-me'n un grapat a les mans.

El Dani posa les mans com si fossin un plat de sopa i jo les hi omplo de pinso, mentre em tiro cap enrere per no sentir aquella olor tan fastigosa.

–Ecs! Vols dir que no li farà mal, això? Fa un tuf...

El Dani es mira el pinso que té a les mans. Agafa una d'aquelles boles fosques, petites i pudents i se la posa a la boca, sense fer ni mica de cas dels meus escarafalls.

–És bo! –diu com qui es menja un bombó.

–Porc! Fastigós –li crido, mentre l'Escarola es llança a les mans del Dani i comença a menjar sense contemplacions.

–Carat! Es veu que tenia gana! No corris tant, dona, que et farà mal –li dic, sense poder aguantar-me el riure. I el Dani aprofita la circumstància per fer l'expert i l'interessant davant meu.

–No tinguis por, que no n'hi farà ni mica, de mal. He anat a la botiga d'animals i m'han dit que aquest pinso és especial per a cadells.

–Per als petits, negres i rinxolats també? –me'n burlo.

–Per a tots, bleda! Ah!, i també m'han dit que li hem de donar molta aigua. Fixa't, fixa't com menja.

—Sí, el que són compliments no en gasta. Es nota que estava afamada.

L'Escarola, com sempre que parlem d'ella, se'ns queda mirant fixament, i, davant dels nostres morros, se li escapa un rot petit.

El Dani i jo ens trenquem de tant riure.

—Apa! Que porca!

—Sí, li haurem d'ensenyar a comportar-se bé.

En aquest moment, la mama ens crida des de casa. Amb la veu li noto que encara està enfadada.

–Nens, i el berenar, què?

De nou tenim el perill a sobre. Cal actuar de pressa, amb intel·ligència. Em sorprenc a mi mateixa per la meva sang freda. És clar, com que ja sóc tota una experta en el camuflatge de gossos...

–Dani, vés a la cuina i distreu la meva mama.

–Però, Rita –contesta ell, esporuguit–, la teva mama em fa por.

Me'l quedo mirant amb cara de pocs amics.

–Cagacalces!

Aquest argument ha estat definitiu. Arrugat com una pansa, el Dani s'aixeca i se'n va cap a la cuina. Compto fins a vint, agafo l'Escarola, que està ben tipa i s'està quedant fregida, i, a poc a poc, sense fer soroll, enfilo les escales cap al pis de dalt. Entro a l'habitació del Bernat, que és al seu llitet, tan fregit com l'Escarola. Obro l'armari de les joguines, i hi amago la gossa entre els ninots de peluix. Així, tan quieteta, no crida gens l'atenció; sembla un peluix més.

I vaig a berenar.

Berenem tots dos en silenci mentre la mama feineja a la cuina i ens envia terribles mirades enverinades, que se'ns claven al damunt com fletxes indígenes, i ens deixen muts.

Finalment, la mama surt de la cuina sense dir-nos res i més estirada que el pal d'una escombra. Està molt, però que molt enfadada.

El Dani i jo ens mirem amb ulls espo-ruguits:

–On l'has amagada? –em pregunta amb un filet de veu de res.

–A l'armari de les joguines, com feien a ET. Oi que és una bona idea? Després li pujaré una mica d'aigua.

Intento fer veure que estic tranquil·la i contenta, però no me'n surto del tot. Em sap molt de greu veure que la mama està tan disgustada amb nosaltres. I és que jo mai no li havia dit una mentida tan grossa, a la mama. És clar que, ben pensat, de mentida no n'he dit cap. De fet, dir, el que es diu dir, no he dit res. Només li he amagat una mica la veritat i prou.

El Dani també està força preocupat. Ho noto perquè ha ficat un dit dins del pot de la crema de cacau i se l'està llepant. Jo no suporto que faci això, per tres motius: un, perquè és una porcada; dos, perquè quan fa això és perquè ha de passar-ne alguna de grossa, i tres, perquè, després, la mama me'n dóna a mi la culpa. I per aquestes tres raons, estic a punt de dir-li que deixi de fer el porc amb la crema de cacau, però no li ho dic. Una llàgrima molt grossa acaba d'aterrar dins del pot. Una llàgrima del Dani. Decidei-

xo tapar el pot i desar-lo abans que hi hagi més desgràcies.

—Què tens, Dani? —li pregunto un cop he desat el pot.

El Dani, en comptes de contestar-me, s'alça de la cadira i se'n va cap a la porta. Abans de sortir, es gira i em diu:

—Me'n vaig a casa a fer el que he de fer.

I desapareix.

Crec que aquesta història de l'Escarola l'està afectant massa. Pobre Dani!

El Bernat *culcagat* es desperta i reclama l'atenció de tothom. Com sempre! I jo, seguint amb la gran actuació que he començat a fer aquest matí amb la mama –ai!, que al final se m'hi acostumarà–, li dic, tot impedint que s'aixequi per pujar a dalt:

–No, no et molestis, mama; ja pujo jo a distreure el Bernat. Tu descansa una miqueta que ja et fa falta, ja...

La mama mou el cap a banda i banda, preocupada. Té els ulls tristos. Segur que es pensa que jo no sóc la Rita, sinó un ésser d'un altre planeta que ha raptat la seva filla i s'ha ficat dins del seu cos sense demanar permís. Però ara no tinc pas temps d'ocupar-me dels pensaments de la mama. He d'anar per feina, jo!

El Bernat em rep amb alegria. Ben mirat, si no fos tan pesat, tan brut, tan ple de mocs, tan cridaner i tan etc., seria un germà encantador. Però, ja se sap, no es pot tenir tot.

Alço el Bernat del llit i el diposito a terra. Me'n vaig cap a l'armari de les joguines i, evidentment, el «quatre grapes» em ve al darrere, sense deixar de bavejar. Obro l'armari i li ensenyo el gran secret. El Bernat al·lucina bombetes de colors! Està tan content de recuperar la seva joguina preferida que es posa dret, sense adonar-se'n, suposo, i es llança de cap a l'armari com qui es llança a una piscina. Abans que es mati, el paro, intento calmar-lo i, amb veu amable, li explico aquesta història:

—Oi que és maca l'Escarola, Bernat? Doncs, perquè ho sàpigues, l'Escarola només és meva i teva. Meva i teva i de

ningú més. Hi podem jugar, donar-li menjar i... i també la podem posar a la rentadora quan està bruta. Però el que no podem fer mai, però *mai dels mais*, és dir a la mama que l'Escarola viu en aquest armari, perquè, si ella ho sap, vindrà i ens la prendrà. Que m'entens?

El *culcagat*, que m'ha estat escoltant amb uns ulls oberts com taronges, deixa anar una bava quilomètrica que va a parar de dret a la moqueta de l'habitació. Suposo que això deu voler dir que sí que m'entén.

Un fort cop de timbre ens espanta i trenca la tendra escena entre germans. Amb el Bernat penjat al coll miro per la finestra i la meva sorpresa no pot ser més gran quan, allà, drets al llindar de la porta de casa hi veig el Dani i... la mama del Dani!

Ai, que això s'acabarà molt malament!

# 10

La porta de l'habitació s'obre de mica
en mica, grinyolant com a les *pel·lis* de
por. Corro a tancar l'armari de les jo-
guines, mentre el Bernat es queda quiet,
assegut a terra, amb el xumet en una mà
i la boca molt oberta. Sembla com si ni
respirés. El cap del Dani apareix per dar-
rere de la porta:

–Apa, nano! –li dic esbufegant per l'es-
pant–. Ens has espantat.

El Bernat es posa de nou el xumet a la
boca i el torna a xuclar com si no hagués
passat res.

–Ho sento –s'excusa el Dani–. ¿Que puc
veure l'Escarola?

La trec de l'armari. L'Escarola està
desperta i té moltes ganes de jugar. Co-

mença a córrer per l'habitació i s'estira panxa amunt perquè li fem pessigolles. De sobte, fa un bot i li pren el xumet al Bernat, que riu fins a ennuegar-se, movent peus i mans com si li haguessin donat corda.

—Que és bufona! —dic sospirant.

—Sí. I és tan petita... —afegeix el Dani.

—Goz! —remata el Bernat.

I ens la quedem mirant, tots tres, embadalits, amb el cor partit entre l'alegria de veure-la jugar i la pena de saber que aviat la perdrem per sempre.

El Bernat juga a agafar-li la cua i estirar-la-hi. L'Escarola no s'enfada; al contrari, mou la cueta com si fos un ventilador, mentre mira de fugir de les mans matusseres del meu germà, que, tot sigui dit, li cau estranyament bé.

—Per què has vingut amb la teva mama? —pregunto, de cop, al Dani. La meva pregunta el torna a la realitat, i, com que la realitat és bastant trista, el Dani es posa bastant trist.

—Li ho he confessat tot.

–Renoi! Que fort! –exclamo sorpresa perquè aquesta no me l'esperava–. Però tot, tot...? I què t'ha dit? T'ha renyat? T'ha castigat? Per què ha vingut a casa meva? Et deixarà quedar-te l'Escarola? Podrem...?

El Dani es tapa les orelles amb les mans, i diu, gairebé crida:

–Prou!!! M'estàs atabalant.

Callo. Potser sí que m'he passat amb tantes preguntes. Per això, i com que la curiositat pot més que jo, torno a començar l'interrogatori, però ara vaig més a poc a poc.

–Ehem… daixonses… i què ha dit la teva mama quan ha sabut això de l'Escarola?

–Res!

–Res?

–Res de res!

–Ah!

Com que no m'atreveixo a preguntar res més, de moment, faig una pausa i em miro l'Escarola. Ara està jugant amb el xumet del Bernat. El Bernat el tira tan lluny com pot, i gossa i nen s'hi llancen al darrere. Veient-los jugar així, no sé qui és més animal, si l'Escarola o el Bernat.

Torno a l'atac, a veure si ara tinc més sort:

–I si no t'ha dit res de res, com és que heu vingut tots dos cap a aquí?

–Perquè la meva mama ha dit que havíem de venir a parlar amb la teva.

–Ah!

Deixo passar uns quants segons per deixar respirar el Dani i insisteixo:

–I tu ho saps, de què han de parlar?

El Dani es torna a encendre com un llumí. Trobo que gasta molt mal geni, darrerament.

–Del temps, si et sembla!

Carats!, el Dani està de molt mal humor; la meva mama està de mal humor i, segurament, la mama del Dani també. I com que a mi ja me l'estan encomanant, podríem arribar a la conclusió que l'única persona de la casa que és feliç és el Bernat. És clar, com que és un caganer i un inconscient...

Per fi, em decideixo a fer la pregunta decisiva:

–Què... què passarà amb l'Escarola?

El Dani s'encongeix d'espatlles i fa morros. Jo penso que si la mama del Dani està explicant-ho tot a la meva mama, ja em puc anar preparant per rebre l'esbroncada més gran de la meva vida; i això que encara no he tret la nota de la *senyo* de la cartera, que quan la tregui...

Ai!, si abans el meu futur era negre, ara és supernegre; què dic?, negre no, negríssim.

El temps passa molt lentament. L'Escarola es cansa de jugar i se'n va a pesar figues a l'armari. Es veu que li ha agradat, l'armari. El Bernat s'escarrassa a cridarla i, com que també està molt cansat, i l'Escarola passa d'ell, es tapa la boca amb el xumet i es queda profundament adormit damunt la moqueta de l'habitació. Quina sort que té de poder dormir! Això és perquè té la consciència tranquil·la. No com el Dani, o com jo, que la tenim més negra que el carbó.

De cop i volta, sento passes que pugen per l'escala i s'acosten a l'habitació. El moment de la veritat ha arribat i jo gairebé me n'alegro. A veure si me'n surto, d'aquest cacau! I és que tinc unes ganes enormes que la meva vida torni a ser tan grisa i avorrida com abans de trobar l'Escarola. Jo no he nascut per viure tants ensurts. A mi, aquestes mogudes m'esgoten!

La mama obre la porta. Jo me la quedo mirant fixament per veure si endevino què està pensant. Estic tan segura que em trobaré una mirada rabiüda, que em

sorprenc davant aquells ulls alegres que saltironegen en el seu rostre somrient i simpàtic.

La veu de la mama tampoc no sona enfadada quan diu, dirigint-se a la mama del Dani, a qui convida a entrar a l'habitació:

–Aquesta és la meva filla, Rita; però, va-ja, què dic?, segur que ja la coneixes, oi?

–I tant! –fa la mama del Dani, que també està molt contenta–, ve molt sovint a casa per jugar amb el Dani, oi, Rita?

Em torno del color de les parets, és a dir, verda, i demano per favor que la Terra se m'empassi. Però la Terra no es belluga ni un mil·límetre i la mama em mira amb una mirada que, traduïda, vol dir: «Ah, sí? Aquesta no la sabia. Ja en parlarem quan se'n vagin les visites».

La mama, malgrat tot, encara somriu. Em té ben despistada, perquè ara ja no sé si és que està contenta de veritat, o és que és una actriu de primera categoria.

–I aquest –diu mirant tendrament la bola de greix que clapa damunt la moqueta– és el petit de la casa, en Bernat.

«... culcagat», afegeixo jo, mentalment, sense poder evitar-ho.

–Quina monada! –diu la mama del Dani, encara que es nota de lluny que ho diu per quedar bé. ¿Com, si no, se li pot dir monada a una mena de troca de llana amb un tap a la boca, ajaguda en un racó? Trobo que la mama del Dani s'hauria pogut estalviar aquest comentari tan poc original.

Com que sembla que ningú no té res més a afegir, ens quedem tots ben callats fins que la mama diu:

–Bé, ja me la pots ensenyar, Rita.

–Ensenyar-te… què?

Ara a la mama els ulls li riuen una mica menys:

–Va, Rita, no dissimulis, que ho sé tot.

El Dani, que està al cas de tot, em mira a mi i mira l'armari. Se m'encén la llumeneta. Vaig cap a l'armari i remeno entre els ninots de peluix. Trobo l'Escarola dormint plàcidament sota l'ós blanc enorme que la tieta Engràcia va regalar al Bernat quan va néixer. Em sembla que aquest és l'únic regal de la tieta Engràcia que no ha anat a parar de pet a les escombraries.

Agafo, suaument, l'Escarola en braços. No es desperta ni es belluga. La mama se la mira amb curiositat, però només amb curiositat. Arrufa una mica el nas –ho noto perquè la conec, però segur que no ho nota ningú més–, i diu:

–Ah!... molt bonica; molt bonica.

Li agraeixo molt el comentari perquè sé com li deu haver costat trobar bonic un gos.

La mama es gira cap a la mama del Dani:

–Bé, doncs tot vostre. I ja saps com hem quedat. Si algun dia heu de sortir o hi ha qualsevol problema, ens podeu deixar el gos a casa, que –m'assenyala amb un dit amenaçador– ...que la Rita en tindrà cura. Oi que sí, Rita?

Com si estigués enmig d'un somni que no entenc, faig que sí amb el cap. M'he quedat sense paraules, sense respiració, sense neurones, sense... res! Però el millor està a punt de passar.

–I tu, Dani –continua la mama–, vindràs cada dia a fer els deures amb la Rita, i a berenar, és clar!, i te n'aniràs quan la mama et truqui per dir-te que ja és a casa; entesos?

El Dani diu molt, però que molt fluixet:

–Entesos, senyora Roca.

És clar que la meva mama encara li fa por. I, la veritat, trobo que no n'hi ha per a tant!

–I ara que ja hem quedat entesos, us acompanyo fins a la porta. Rita, acomiada't!

M'acomiado, és clar. Dic adéu a la mama del Dani, al Dani i a l'Escarola, que el Dani pren en braços sense dissimular la seva alegria. I veig com es fan petons, com s'acomiaden, com la mama tanca la porta i com torna a pujar a l'habitació. Jo estic en la mateixa postura d'abans. Encara no he mogut ni un múscul. I potser em quedaré així per sempre.

# I arribem al final!

La mama se'm queda mirant amb aquells ulls riallers que tant em sorprenen. M'arregla els cabells, que sempre duc despentinats, però no em diu allò de «quan aprendràs a pentinar-te, Rita?». M'agafa de la mà i, suaument, em du cap al llit. Ens hi asseiem totes dues.

«Ara ve quan el maten», penso jo.

–Rita, filla, he de parlar amb tu –diu ella.

I, resignada, em quedo quieta, sense respirar, esperant que em caigui el xàfec al damunt. I, sense saber per què, em ve a la memòria la nota de la *senyo* que encara dorm dins de la cartera. Quin dia!

–Rita, tu t'estimes molt el Dani, oi?

La pregunta de la mama em fa pessigolles a la panxa, al coll i al nas. No puc obrir la boca, perquè, si l'obro, sé que em posaré a plorar. Per tant, faig que sí amb el cap. La mama m'abraça i jo sento de nou aquella escalforeta tan dolça que sembla que t'ha de protegir de tots els mals: de la pluja i del vent; de les llàgrimes i dels plors; del mal de cor i de les pessigolles ploraneres.

La mare em fa un petó al front.

–Filla –em diu, tot mirant-me dolçament–. Ho sento molt.

Jo, que encara no puc parlar, me la miro amb sorpresa.

–Sí, sento molt no haver-me adonat de com t'estimes el Dani, i de com et necessita ell, a tu. L'amistat és la cosa més gran del món. Per amistat es pot fer qualsevol cosa, i ningú no té dret a interposar-s'hi, saps?

–Però a tu no t'agrada que jo em passi tantes estones amb el Dani...

La mama no em deixa acabar:

–Pensava... Mira, Rita, els grans també ens equivoquem. I a vegades molt! I tant que ens equivoquem. I avui jo he estat parlant amb la mama del Dani i m'he adonat que...

La mama fa una pausa, com si rumiés:

–M'he adonat que nosaltres, la nostra família, som molt afortunats, i que hi ha gent que no en té tanta, de fortuna.

–Com el Dani i la seva mama, oi?

–Exacte. La mare del Dani m'ha semblat una noia molt agradable i molt responsable i... i m'he adonat que jo havia estat injusta.

La mama em fa un petó al front i em diu, somrient:

—Espero que em perdonis, filla.

—Mama! —dic jo, mentre ella continua acaronant els meus cabells despentinats.

—Em sap molt de greu no haver comprès com n'era, d'important, la teva amistat amb el Dani.

Ara sí que no puc evitar-ho: uns grossos llagrimots de cocodril em rellisquen galtes avall.

—I he pensat —continua la mama— que jo també puc ajudar si m'ocupo una mica d'ell quan la seva mama ha de treballar. Es pot estar amb nosaltres, fent els deures, i, si cal, es pot quedar a sopar. Així no es passarà tantes estones sol. A més, ara el gosset també li farà companyia, ¿no trobes?

Jo segueixo plorant com una bleda. Em fa vergonya plorar. Sobretot quan no trobo la manera de parar. Em fa l'efecte que m'he de passar tota la vida plorant. Que ja no podré parar mai ni mai més. La mama m'abraça ben fort.

–I encara que no t'ho creguis, he estat jo qui he convençut la mama del Dani que s'endugués el gosset. Em cau molt bé la mama del Dani.

La mama s'alça i em fa el darrer petó.

Jo m'eixugo la cara mullada i m'empasso els mocs. Ecs!

Em quedo mirant la mama, que amb la mà al pom de la porta es gira per mirar-me i diu:

–Tot anirà bé, Rita; ja ho veuràs.

Em quedo estirada al llit. Encara tinc ganes de plorar i, alhora, també en tinc de riure. Em miro l'embalum del meu germà, que dorm tranquil, sense adonar-se de res del que passa al seu voltant, i m'alegro de ser tan gran. Em sento tan feliç! Feliç pel Dani, que pot tenir l'Escarola amb ell; i per mi, perquè també la podré veure molt sovint. I feliç perquè podrem estar junts, el Dani i jo, i farem els deures i berenarem sense presses i, sobretot, sense que la mama ens faci mala cara. I el Dani ja no tindrà por de la mama. I potser també serà una mica més feliç.

I és en aquest precís moment, que de tan dolç és enganxifós, que sento la mama cridar, des de baix:

–Rita, ¿em vols dir què significa aquesta nota de la senyoreta que dus a la cartera?

Per què? Per què no existeix la felicitat completa?

Han escrit i  han dibuixat…

# Núria Pradas i Andreu

Vaig néixer l'any 1954 al Poblenou, un barri de Barcelona que hi ha tocant al mar. Quan era petita, no em podia banyar a la platja perquè era bruta i perillosa. Després, el meu barri va acollir la Vila Olímpica, i des d'aleshores les platges són netes i estan plenes de gent. Va ser com si el pintessin de colors!

Llavors, però, jo ja no vivia al Poblenou. Les circumstàncies de la vida m'havien portat a Sant Feliu de Llobregat, on visc ara i on escric contes, novel·les i tot el que se m'acut. La meva filla petita, que es diu Clàudia, em dóna idees, perquè, si us he de dir la veritat, de vegades se m'acaben. Jo crec que la Clàudia, quan sigui gran, serà una bona escriptora.

Tinc dos fills més, la Laia i l'Oriol, que ja són uns ganàpies. La Laia és mestra d'una escola bressol i l'Oriol ha acabat la carrera de Polítiques.

Moltes vegades, quan visito escoles, els nens i les nenes em pregunten per què em vaig fer escriptora. És una pregunta una mica difícil de respondre. Jo crec que tots nosaltres portem a dins una sèrie de qualitats, d'habilitats, que a vegades es desperten i a vegades no. En el meu cas, penso que l'afició per escriure l'he dut sempre dintre meu; però no va ser fins fa relativament poc temps que vaig posar-la en pràctica d'una manera professional, més seriosa. I el resultat han estat vint-i-cinc llibres repartits en diferents editorials, tots adreçats a infants i a joves, dels quals estic força contenta.

Una altra cosa que sempre he dut a dintre ha estat el teatre: n'he vist molt, n'he llegit, n'he escrit i n'he fet. Fa anys que pertanyo a un grup de teatre *amateur* de Sant Feliu, amb qui he posat en escena un grapat d'obres, fins i tot una que vaig escriure jo.

Potser, si tornés a néixer, seria actriu de teatre!

Però, retornant a la tasca d'escriptora, puc dir que he guanyat tres premis: el Ferran Canyameres de Terrassa, el Carmesina a València i el Ciutat d'Olot.

No negaré que guanyar un premi em produeix una gran satisfacció, però també és veritat que el millor dels premis per a un escriptor és veure la seva obra publicada i tenir uns lectors fidels que et preguntin: «I quan escriuràs un altre llibre?».

Per això, i pensant en tots aquests infants i joves que han llegit algun llibre meu i els ha agradat, cada dia em llevo amb ganes de començar una nova aventura literària.

# Daniel
# Serrano Piquer

Sóc un il·lustrador amb ulleres (són aquesta cosa negra que podeu veure sobre el meu nas). Vaig néixer a Barcelona l'any 1976. El meu interès pel dibuix va sorgir com a conseqüència de les sessions de curtmetratges en super-8, de Tom i Jerry i la Pantera Rosa, que organitzaven els meus pares a casa. A partir d'aquell moment vaig començar a dibuixar a les parets, sobre els tovallons i les estovalles, en el diari del diumenge, a la taula de classe... i, de tant en tant, també ho feia en el meu quadern de dibuix. Per mi, dibuixar és com respirar... Si ho fas mentre corres, pot resultar molt més difícil. He passat per diverses escoles d'art, entre altres l'Escola Llotja de Barcelona. He publicat les meves historietes de gallines blaves «xerraires» en l'àlbum *Una de gallinas*. Actualment visc a Barcelona, on comparteixo pis amb un gat persa gegant.